ETWAS MIT FEDERN

Kati Mohr

Kati Mohr

ETWAS MIT FEDERN

Tanka

Die englische Originalausgabe erschien 2024 unter dem Titel "something with feathers".

Bibliografische Information der Deutschen Nationalbibliothek: Die Deutsche Nationalbibliothek verzeichnet diese Publikation in der Deutschen Nationalbibliografie; detaillierte bibliografische Daten sind im Internet über dnb.dnb.de abrufbar. Die automatisierte Analyse des Werkes, um daraus Informationen insbesondere über Muster, Trends und Korrelationen gemäß §44b UrhG („Text und Data Mining") zu gewinnen, ist untersagt.

© 2025 Kati Mohr

Lektorat & Korrektorat: Kati Mohr

Verlag: BoD · Books on Demand GmbH, Überseering 33, 22297 Hamburg, bod@bod.de

Druck: Libri Plureos GmbH, Friedensallee 273, 22763 Hamburg

ISBN: 978-3-8192-1109-6

Als ich nach Hause kam,
wurde die Welt weiter.

Für Ken Slaughter

Danke,
dass du sie mir gezeigt hast,
diese fünf Zeilen,
die ausgestreckten Finger
einer offenen Hand.

INHALT

MEINE FÄUSTE GEBALLT

Take a good look,

Nothing's going to disappear just because you can't see what's going on.

It's a way of showing respect,

so large it'll rival the universe.

Im strömenden Regen
flattern die Fahnen kaum;
ich gehe schneller,
mit geballten Fäusten,
bis die Verzweiflung hineinkriecht.

Schnee kann brennen,
er hat eine Million Arten zu sein
und zu schmelzen,
so wie meine Augen es könnten,
wenn

Meine Arme
umfassen nachts
meine Brust,
ein Schutzschild gegen das,
was darin verborgen ist.

Wenn nur
mein Herz aufhörte,
die Pfade entlang
zu flattern
—Hasen, die vorbeijagen.

Träume,
in denen ich alles viel zu nah
an mich heranziehe,
so viel angespannter
wache ich auf.

Selbst als
Mohnknospe
so zerzaust,
warum schlägt Mama
Wellen in meinem Kopf?

Schau dir die blaue Erde an:
für eine kleine Weile
scheint es,
als gäbe es keine Kriege,
als gäbe es keine Mauern.

Der Gartenpfad
ist so eben und glatt,
und doch
wird mein Kopf nur das Herz schelten
fürs Ausrutschen.

Suchend
zwischen reifer Gerste
kurz nach Einbruch der Dunkelheit:
Worte aus der Ferne,
die Quelle aller Missverständnisse.

Schimmernd
von einem karmesinroten Blatt:
der Regen der letzten Nacht
setzt sich
in meinen Gedanken nieder.

Drachen, die in Bäumen hängen:
all die Tätigkeiten, denen wir nachgehen,
weil wir davon beschämt sind
zur Ruhe
zu kommen.

In einer schummrigen Küche
auf das Glatteis wartend,
darauf, dass wir geschehen,
randvoll
von diesen ereignislosen Tagen.

Die Elster spreizt
ihre Flugfedern weit
auseinander—
und ich frage meinen Freund,
wem ich trauen kann.

SCHALEN VOLLER BLAU

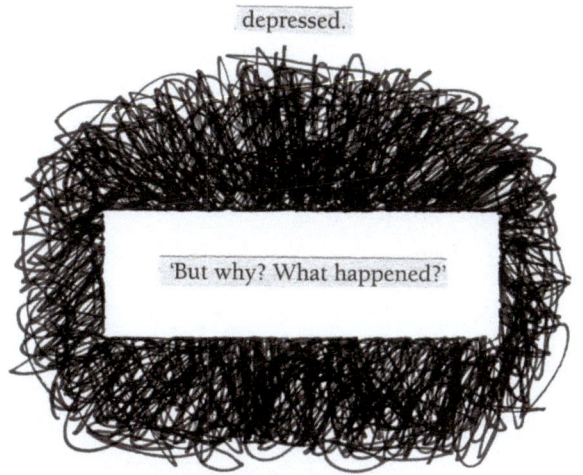

depressed.

'But why? What happened?'

'Don' make me say it again.

Ein Schatten
treibt auf dem Wasser,
und letztendlich ist es genau das:
was fühlst du,
was fühle ich?

Da ist etwas
unter meinen Fingernägeln:
das, was ich brauche,
die Frage,
ob ich mich hinter einer Maske verberge.

Auf den Hügeln
ziehen die Heuballen
vorbei,
ich trage zusammen,
woran ich mich nicht erinnern kann.

schalen voller blau alle meine lebensstunden
murmeln dünn wie tee

Immer wieder
ändere ich meine Position in den Kissen
voller Hoffnung,
dass meine Vergangenheit
einsinkt.

Der Mond:
unveränderbar
phasenweise
die Illusion,
mich selbst zu sehen.

Wir sind
die Summe unserer Teile,
manchmal auch
das irre Kratzen der Scheibenwischer,
die sich verzweifelt bewegen wollen.

Der Bogen, den die Hände machen,
diese Pause, bevor sie die Saiten
klingen lassen,
doch wenn ich nicht berührt werde,
wie könnte ich mitschwingen?

Regen
rinnt am Dachfenster
herab,
sag, was bin ich
mehr—

Wie Sonnenblumen,
die auf eine blendende Sonne
zeigen,
werde ich mich nie
ganz verstehen.

WIEDER SUCHE ICH

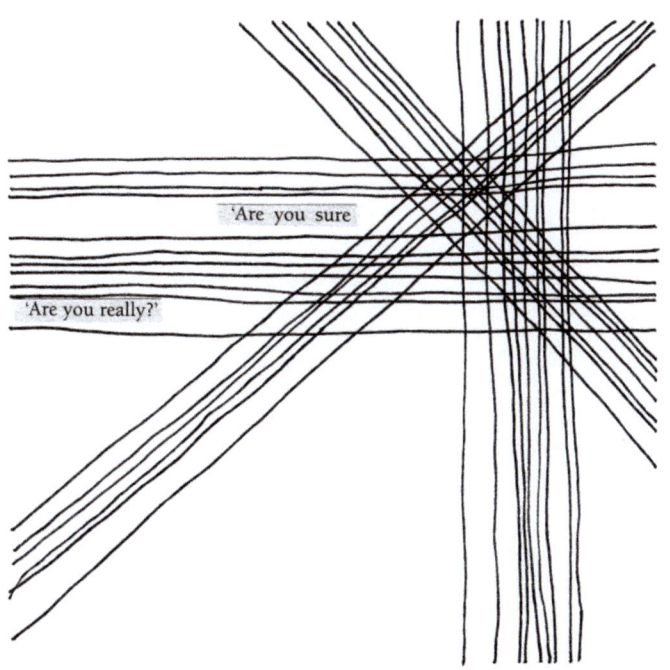

Ein Schmerz:
dass mein Leben
nur eine Jahreszeit sein wird,
anders
als jede andere.

Draußen auf hoher See
leuchtet ein schmales silbernes Band auf …
und ich will mich erinnern,
so als ob ich es wirklich abwägen würde.

Todesgedichte lesen,
bis die Nacht ihr Ende findet:
ich verstehe jetzt
dieses Verlangen nach Kaffee,
wenn der Tag beginnt.

Wieder suche ich
die Nähe eines Baumes,
seinen Trost und Halt:
ich kann ihn anfassen,
ich kann ihn erklimmen.

Meine Atemzüge
fahren durch die Arme
einer Lärche,
fast am Leben,
das bin auch ich.

Zeile für Zeile
Trugbilder
ernten:
ich umklammere sie fest
mit meinen klammen Hände.

Auf dem Boden
neben meinem müden Kopf ruht
das Rauschen des Flusses:
ein Gebet,
niemals ein Versprechen.

Die Schale eines Apfels
in meiner Hand,
so gleichmäßig,
als wäre er
noch am Baum.

Jemand,
der erst in späteren Jahren
gefunden werden wird,
das bin ich
und es fühlt sich—okay an.

Leiser Regen
auf der Veranda:
die Veränderung
die ich wirklich brauche,
auf diese liebevolle Weise.

Die gelben Blätter
auf dem Beton
leuchten mir
den Sitzwinkel
meiner Gedanken zurück.

DEN WEG NACH HAUSE

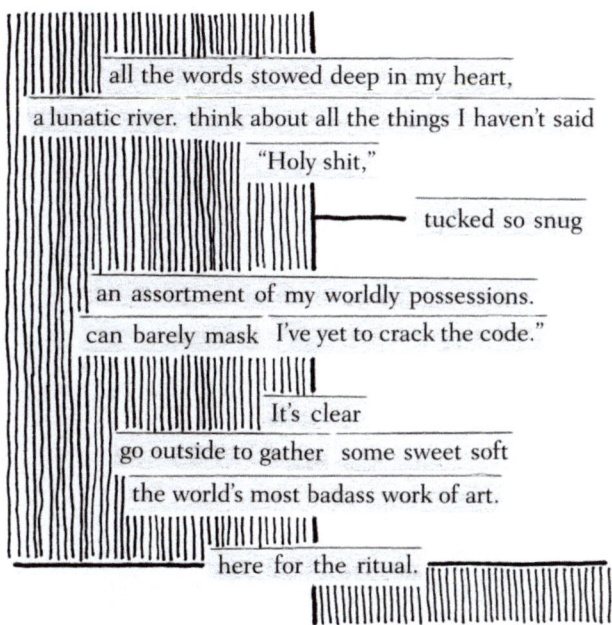

all the words stowed deep in my heart,

a lunatic river. think about all the things I haven't said

"Holy shit,"

tucked so snug

an assortment of my worldly possessions.

can barely mask I've yet to crack the code."

It's clear

go outside to gather some sweet soft

the world's most badass work of art.

here for the ritual.

Hamamelis
nass vom Regen,
so erfrischend,
eine Wahl
zu haben.

Den Rand des Brunnens
zu erreichen,
endlich,
so durstig nach diesem Wasser
aus der Tiefe.

Von Zeit zu Zeit
fällt ein Lichtschein durch
ein Prisma—
leichter Regen klimpert
auf dem Dach des alten Stadthauses.

Vom Fluss kommend
gehe ich nach Hause,
eine leere Hülle,
sitze und schreibe,
wie es den Puls beschleunigt...

Eine Krähe
erstickt fast an
etwas mit Federn—
meine Erlaubnis,
auch mal was zu vermasseln.

In einem Geflecht
aus Träumen und Wachen
atmen wir
einander an,
Mutter und Kind.

Im verblassenden Mondlicht
blickt mir ein Fuchs tief in die Augen,
jeden Moment
werden wir getrennte Wege gehen
—aber das hier

Ich werde niemals müde
sie anzusehen—
die Berge,
die zu Bergen
verschwimmen.

Auf dem unbefestigten Weg,
der am Fuß des Berges endet,
drehe ich mich um, ganz allein,
und betrachte den Wald
ein letztes Mal.

"Wir sind die Summe unserer Teile"
"we are the sum of our parts"

Failed Haiku, Volume 8, Issue 92
(Teil der Sequenz "Eclipsed")

Cutouts (p. 1, 17, 29, 43)

Stardust von Neil Gaiman
The Sky Is Everywhere von Jandy Nelson
Kafka On The Shore von Haruki Murakami

Illustrationen

Kartoffeldruck (Cover)
Tuschezeichnungen auf Papier & Collagen
Digitale Zeichnung (Porträt)

von Kati Mohr

ÜBER DIE AUTORIN

 Kati Mohr, geboren 1976, ist eine intuitive, behinderte Künstlerin und Dichterin aus Deutschland, online bekannt als pi & anne. Sie lebt mit ihrer Familie und zwei Kaninchen in Nürnberg. Ihr Ziel ist es, die Filter zu erforschen, die wir Menschen verwenden, denn wie wir Dinge sehen, sagt oft mehr über uns aus als über die Dinge selbst. Sie ist immer noch damit beschäftigt, eine Collage ihres eigenen Leben zu erstellen, die für sie Sinn macht.

Ihre Gedichte sind in einer Reihe von Zeitschriften erschienen, z.B. Kingfisher Journal, The Haibun Journal, Whiptail Journal, Pan Haiku Review, MacQueen's Quinterly. Sie belegte den zweiten Platz beim Marlene Mountain Memorial Contest 2023 und erhielt 2024 einen Touchstone Award für Ihren Haibun "All These Things". 2025 veröffentlichte sie ihr zweites Buch mit Tankasequenzen "landmark status woman".

piandannes.wordpress.com
linktr.ee/pi.and.anne